S. Levent Oezkan

Erfolgreich als Heiler

Ein Handbuch für
die Selbstständigkeit

Firavarti Verlag

S. Levent Oezkan

Erfolgreich als Heiler

Ein Handbuch für
die Selbstständigkeit

Firavarti Verlag

Alle Rechte – auch auszugsweisen Nachdrucks, der fotomechanischen Wiedergabe, der Übersetzung und der Einspeicherung und Verarbeitung in elektronischen Systemen – vorbehalten.

© 2015 · Selim Oezkan · Leuthener Str. 5 · D-10829 Berlin
Firavarti Verlag Berlin · c/o Selim Oezkan

1. Auflage 2015

Buch- und Umschlaggestaltung: Selim Oezkan, Berlin
Produktion und Vertrieb: CreateSpace, 4900 LaCross Road North Charleston, SC 29406, USA

ISBN-13: 978-1519558527
ISBN-10: 151955852X

Printed in the USA

www.kabbalahvedanta.net
info@kabbalahvedanta.net

Inhalt

Wir sind das Licht der Welt......................9

Wunder wollen bewiesen sein....................13

Den Teufelskreis von Schuldgefühl, Angst und Leid auflösen............23

Kraft der Gedanken.....................37
   Unser Gegenüber.....................42

Ihre Stärken wollen gefunden und gestärkt werden....................49
   Fragen helfen weiter....................51
   Ihre Stärken wollen erkannt werden....................54

Die Prinzipien des Erfolgs im Leben....................59
   Wissen Sie was Sie wirklich, wirklich wollen?....................61
   Negativität und positives Denken....................67
   Kraft der Affirmation....................70

9 Schritte in die berufliche Freiheit....................75
   1. Konzentration statt Vielfalt....................78
   2. Die größte Wirkung erzielen....................79
   3. Der Geist herrscht über die Materie....................81
   4. Zu tun ist das, was Ihr Ziel von Ihnen verlangt....................82
   5. Was können Sie besser?....................85
   6. Arbeiten Sie zusammen mit anderen....................86

7. Das optimale Ziel Ihres Ziels: Ihre und die Bedürfnisse der anderen dauerhaft befriedigen....88

8. Passion und Mission..89

9. Identität des Außen und des Innen....................91

Auswertung der Selbstanalyse................................94

Wie Sie Schwächen in Stärken umwandeln können... 99

Die Sonnenmeditation...106

Literaturhinweise.. 109

Wir sind das Licht der Welt

Jeder Mensch besteht aus feinsten Partikeln, die gleichzeitig Lichtwellen und Lichtteilchen sind. Das beweist die moderne Quantenphysik. Materie ist geronnenes Licht.

Wir sind Lichtkörper die sich durch Raum und Zeit bewegen, sich entfalten können, um sich mit der Zeit immer weiter auszudehnen.

Einige von uns leuchten schwach, andere leuchten als strahlende Regenbogen. Wenn wir das erkennen, können wir über die Grenzen unseres Körpers hinauswachsen. Dann strahlt das Licht aus uns hervor und wir vertreiben aus uns die dunklen Seiten die unser Leben so oft beschatten.

Die Sonne am Himmel ist deshalb unser großes Vorbild. Sie zeigt wie sich das Licht im Jahreslauf entfaltet und alles Leben auf der Erde hervorbringt. Sie ist Leben, universell, überall und Zeugin unserer eigenen großen Herrlichkeit. Denn wir sind aus »Sonnenstoff« gemacht, da auch der Planet Erde vor sehr, sehr langer Zeit ein Teil der Sonne war und unsere Körper ja aus den Elementen der Erde zusammengesetzt sind.

Überall ist Licht eines nicht endenden Wachstums, dass jeden von uns erfüllt. Doch es liegt in unserem Körper meist unbewusst verborgen. Es schlummert wie ein Gefangener und will erweckt werden, um seine Allgegenwart zu entwickeln und die Sonne in uns zu erkennen – ein Licht das allen leuchtet.

Hinter all dem was wir sind, ist Licht das darauf wartet zu uns zu kommen. Je eher wir mit dem Willen unser eigenes Licht erfassen können, desto früher wird es zu uns kommen.

Je mehr wir dieses innere Licht erkennen, desto mehr wird es leuchten wollen. Dann erkennen wir auch das Licht in den anderen Menschen und dass das was es verhüllt, nur ein zeitbedingter Körper ist, der ja einst sterben wird.

Wunder wollen bewiesen sein

Unser Körper ist eine gefügige Schale, der Diener unseres Selbst und nicht sein Meister. Darin existiert ein verborgenes Zentrum, aus dem unsere Seele in die vier Richtungen der Raumzeit wirkt.

Der Körper ist unser Vehikel – sehr fähig, sehr nützlich –, in dem wir uns während unserer Inkarnation über die Erde bewegen. Doch nur wenige wissen, dass dieser Körper nur geborgt ist. Dieses Geheimnis hat seinen Ursprung in der fernen Vergangenheit der Menschheit. Es stammt aus einer Zeit, in der sich eine große Katastrophe ereignete, die in der unbewussten Erinnerung aller Menschen gespeichert ist.

Vor sehr, sehr langer Zeit existierte ein Land namens Hyperboräa im hohen Norden. Nach dieser Katastrophe wanderten von dort die Überlebenden über Sibirien nach Osten. Manche kamen nach Transoxanien, andere ließen sich im Kaukasus nieder. Aus ihnen wurden die alten Priesterinnen der Amazonen, die Weisen und Heiler der Sarmaten und Skythen.

Sie waren die Urahnen der indoeuropäischen Völker. Andere gingen nach Westen, über Tula und Grönland. Als Oberhäupter der Ur-Tolteken und Ur-Azteken besiedelten sie den amerikanischen Kontinent. Eine weitere Gruppe – die Ur-Kelten – oder »Tuatha De Danaan«[1], kamen über Irland nach Britannien, um sich dort niederzulassen. Ihre Nachkommen wurden die legendären Priesterinnen von Avalon.

Während vieler tausend Jahre wurden die alten Weisheiten von Mutter zu Tochter – über unzählige Generationen weitergegeben, bis irgendwann der alte Kult der matriarchalen Strukturen immer mehr den patriarchalen Gesetzen weichen musste. Doch hinter dem Schleier der exoterischen Wissenschaften wurde die uralte Tradition der heilenden Priesterinnen im Verborgenen weitergeführt.

Eines Tages – manche Weise sagen, es sei unsere heutige Zeit – werden die matriarchalen und patriarchalen Strukturen zu einem Androgyn verschmelzen und die Menschen damit in ein neues Zeitalter geboren werden:

---

[1] Sie sind die Nachfahren der altirischen Muttergöttin Dana.

Das **Lumenarchat** – Zeitalter des Lichts.

Bevor sich dieser Zusammenschluss des neuen Bundes ereignen wird, muss aber die Menschheit noch eine große Hürde überwinden. Hierzu sind bereits viele Menschen auf der Erde inkarniert, um während dieses großen Ereignisses zu helfen – auf dem Weg zu Heilung und Licht.

Bevor ein Mensch zum Heiler wird, sollte er zu einem Diener der Menschen werden. Sein Ego sollte in den Hintergrund tretend überflüssig werden – sollte sich auflösen, damit an dessen Stelle die wahre Lichtnatur des Heilers hervortreten kann.

So jemand kann sich aber nicht alleine auf den guten Glauben der Menschen verlassen; nach dem Motto »Du musst nur ganz fest daran glauben und es wird ein Wunder geschehen«. Die Menschen der heutigen Zeit brauchen Beweise. Und diese Beweise liefert uns die moderne Biologie, Physiologie und Medizin, als auch die Erkenntnisse der Quantenphysik. Als Heiler kann man erfolgreich anderen helfen, wenn man diese Erkenntnisse in

seine Arbeit miteinbezieht und als Mensch mit beiden Beinen auf festem Boden steht. Schließlich kommt der Hilfesuchende aus dieser Welt erkrankt zum Heiler, der ihm Energie und Hilfe spendet, um ihm auf seinem Lebensweg in dieser Welt für kurze Zeit zu begleiten.
Heilung des Körpers bedeutet Remanifestation dessen, was als Bedingung aus einer ausschweifenden und maßlosen Lebenshaltung resultierte – der Hilfesuchende soll wieder ein selbstermächtigt lebendes Menschenwesen werden. Dabei ist ihm der Heiler behilflich.

Zwar liefert uns die Wissenschaft nötige Beweise, gleichzeitig sind viele Menschen aber von immer neuen Theorien gelangweilt. Hilfesuchende brauchen stattdessen ein Erlebnis – etwas, das ihnen das Gefühl gibt, dass sie am Leben sind und ihnen zugleich Zuversicht vermittelt. Jemanden wieder in die Normalität des Lebens zu führen ist Grundlage für jeden Heilungsvorgang und eine sehr wichtige, wertvolle Sache.

Pflicht eines Heilers ist es, mit den Kräften der geistigen Welt zusammenzuarbeiten und neue Gesundheitsstrukturen im hilfesuchenden Menschen zu erzeugen. Da heutzutage viele Menschen mit dem Wort Gott ein Problem haben, spreche ich von der Geistigen Welt: Eine Kraft, die aus den Tiefen des Universums schöpferisch auf alles Geschehen, auf die Sonne, die Planeten und die Erde wirkt. An der Kraft ihrer Schöpfungsstrahlen soll der Heiler lernen teilzunehmen und für die Heilung eines anderen Menschen verwenden. Heilkraft darf nicht aus dem eigenen Inneren des Heilers übertragen werden. Denn das würde ihn irgendwann zu sehr erschöpfen und selbst krank machen. Vielmehr muss er sich als Kanal für die Heilenergien dieses kosmischen Zentrums öffnen und sie gezielt an die Stelle im körperlich-seelischen Gefüge des Hilfesuchenden führen, wo Störungen seines Lebensgleichgewichts als Beschwerden aufgetreten sind. So kann ein aus der Normalität geratener Zustand wieder zurückgeführt werden zur Stabilität.

Manche Heiler glauben leider, dass sie durch die Hilfe am anderen ihre eigenen Fehler »abbüßen« könnten. Alte Schuldgefühle sollen sich durch ein Wiedergutmachen auflösen.

Doch in der Erinnerung an das was einmal war, spannen wir ein Zeitfeld auf, in dem wir zwischen dem was war und dem was sein soll, manchmal hin- und hergeschleudert werden.

Wie wir aus allen alten Traditionen der Heilkunde in Ost und West erfahren, ist die Zeit aber nichts weiter als ein Konstrukt des Gehirns. Dem stimmen mir sicherlich viele zu. Das aber der Raum ebenso ein Konstrukt ist, darüber scheiden sich die Geister. Hier kommt wieder die Wissenschaft ins Spiel, weil vor ungefähr 100 Jahren bewiesen wurde, dass auch der Raum ein Konstrukt unserer relativen Wahrnehmung ist. Albert Einstein, Werner Heisenberg, Erwin Schrödinger und Max Planck haben uns gezeigt, dass die Wirklichkeit nicht das ist, wofür sie unsere Sinne halten. Da wir aber so sehr in diesem Wahrnehmungsgebilde »festsitzen« – daran ist wohl unser modernes Bewusstsein schuld – glauben wir, dass das eben Behauptete nur theoretisch wahr, realistisch aber ein Hirngespinst ist.

Geschichten von sich an bestimmten Orten materialisierenden Yogis – wie sie etwa von dem indischen Meister Paramahamsa Yogananda beschrieben wurden – halten manche nur für schöne Märchen. Doch das liegt wohl daran, dass solche Heilige eine sehr kleine Minderheit bilden. Man begegnet so jemandem auch nicht einfach, wenn man selbst noch im Geistesgefüge der Raum-Zeit-Illusion feststeckt.

Wir als Mensch wollen Grenzen überschreiten und ausdehnen. Doch wenn es keine Grenzen mehr gibt, kommt es vor, dass wir uns verloren fühlen. Man denke etwa an Alexander den Großen, der – nachdem er die ganze Welt erobert hatte – in Tränen ausbrach, da er seine Grenzen nun nicht mehr ausweiten konnte!
Ist es dem Menschen überhaupt möglich ein grenzenloses Bewusstsein zu entwickeln?

Wie sehen Sie das?

Lassen sie uns wieder zur Quantenphysik zurückkehren.

Anfang des 20. Jhd. wurde bewiesen, dass alle Materie – und dazu zählen auch veränderte physiologische Zustände im menschlichen Körper – im subatomaren Bereich aus kristallinen Lichtkonstruktionen bestehen, die nur in der Raum-Zeit für eine gewisse Dauer Bestand haben, dann zerfallen und sich gemäß dem Energieerhaltungssatz wieder zu neuen Gefügen zusammensetzen. Alles was entsteht, löst sich nach einer gewissen Zeit wieder auf. Das gilt auch für krankhaft veränderte Zustände des Körpers, der Seele und des Geistes. Dem Hilfesuchenden sollte also das Hier-und-Jetzt vermittelt werden, damit er nicht in der Vergangenheit der Schuldgefühle neue Ängste in die Zukunft projiziert und ihm das geschieht, was wir oben bereits gesehen haben: Der Zeit ausgeliefert zu sein – gefangen in der raumzeitlichen Begrenzung seines Problems. Das Annehmen des Istzustandes ist darum der erste Schritt in Richtung Gesundheit.

Wenn Menschen glücklich sind, wenn Sie frei sind – so würden Sie mir sicherlich zustimmen – bräuchten wir keine Ärzte und Heiler mehr. Auch Priester und Rechtsanwälte würden überflüssig – Staatengefüge wären obsolet.
Erst durch die sesshaft gewordenen Menschen und die damit verbundene Entwicklung

von geschriebener Sprache, sind viele Probleme entstanden. Denn von da an wurde der Mensch gezählt, er wurde beschrieben und musste seine Kommunikation über abstrahierende Wortgebilde in Buchstaben und Zeichen pflegen.

Auch Gott bekam einen Namen – welcher der richtige Name ist, darüber streiten die Menschen. Doch an dieser Tatsache lässt sich nichts mehr ändern!

Wir selbst können uns immer verändern. Die moderne Gehirnforschung bestätigt, dass sich das Denken des Menschen auch noch im hohen Alter vollkommen verändern kann. Lange Zeit glaubte man das nicht und fand sich damit ab, dass man eben zu alt sei um sich noch verändern zu können. Doch wie die Neurobiologie heute weiß, bilden die Synapsen auch im hohen Alter noch Zellfortsätze und neue Nervenverbindungen.

Erinnern Sie sich noch an Ihre Kindheit? Wie haben Sie sich gefühlt bevor Sie eingeschult wurden?

Gab es da nicht etwas, dass Sie am allerliebsten getan haben?

Den Teufelskreis von Schuldgefühl, Angst und Leid auflösen

Ein Kind das noch nicht sprechen kann, kennt keine Schüchternheit. Erst mit den Begriffen beginnen die Irritationen.

Sobald wir sprechen gelernt haben und sich zur Welt der Bilder in unserem Gehirn auch eine Parallelwelt der Bildbeschreibungen zusammengesetzt hat, fällt es uns schwer von den erlernten Begriffen wieder abzulassen. Je älter wir werden, desto skeptischer sind wir gegenüber neuen Beschreibungen, da sie sich schwerer mit unserem Begriffsrepertoire abgleichen lassen. Das mag für den einen natürlich mehr, als für jemand anderen zutreffen. Doch allgemein halten wir gerne daran fest was sich einordnen lässt – schriftlich, in Begriffen für die Formen unseres Denkens. Darauf greifen wir zurück – Begriffe geben uns Halt. Mit ihnen verknüpfen wir Sichtweisen und Erfahrungen. Darum fürchten wir uns, uns von bekannten Begriffen wieder zu lösen – selbst dann wenn wir erfahren, dass solch ein Begriff für eine bestimmte Sache nicht die Realität be*schreibt.*

Wie sehen Sie das?
Die neuronalen Verbindungen in unserem Gehirn sind Gewächse aus netzartig wachsenden Nervenzellen. An einem bestimmten Neuron, dass zu einem bestimmten Begriff oder Konzept in unserer Großhirnrinde gewachsen ist, knüpfen im Laufe unseres Lebens alle anderen, damit sinngemäß zusammenhängenden Begriffe an. Je ausgeprägter die Bedeutung eines Begriffs oder einer Bezeichnung ist, umso entsprechend mehr neue Neuronen wachsen an diesem Nervengeflecht hervor. Das heißt, dass wenn wir so bedeutende Begriffe wie das Wort »Liebe« mit einer bestimmten Erfahrung verbinden (die wir vielleicht machten, als wir diesen Begriff lernten), werden sich im Laufe der Zeit auf Grundlage dieses Begriffs weitere neurologische Verknüpfungen bilden. Je öfter wir bei der selben oder einer ähnlichen Erfahrung diesen Begriff aus unserer Erinnerung abrufen, desto stärker wird dieses Nervengeflecht ausgebildet. Darum ist es nicht so einfach sich von sprachlichen Konzepten wieder zu lösen. Schließlich gründet unser gesamtes Denken darauf. Besonders der universale Begriff »Liebe« wird oft einfach mit der körperlichen

Wonne gleichgesetzt. Doch Liebe existiert auf verschiedenen Ebenen, die nicht voneinander getrennt sind, sondern deren Grenzen ineinander übergehen. Als universales Prinzip können wir Liebe auf unzählig viele Arten erleben, ganz individuell. Diese vielen Facetten des Liebens lassen sich in drei Ebenen des Seins unterbringen:

- Die geistige Liebe – die unser Herz mit Glück erfüllt wenn wir uns mit den transzendenten Ebenen der göttlichen Welt, dem Christusbewusstsein, der Buddha-Natur allen Seins verbinden.
- Die emotionale Liebe – die wir spüren wenn jemand an uns denkt oder sich in unserer Gegenwart befindet.
- Die körperliche Liebe – wenn wir uns mit einem anderen Menschen zärtlich in Leidenschaft vereinigen.

Von diesen drei Ebenen sind die geistige und die emotionale Liebe von höchstem Wert, da sie die Seelen in ihrer ursprünglichen Form zusammenbringt und eint.

Die Liebe die eine Mutter zu ihrem Kind verspürt – diese bedingungslose Liebe in der sich die Mutter ihrem Kind schützend hingibt, ist eine weitere Form der Liebe, die in ihrer Intensität und Wichtigkeit in etwa der ersten Ebene der geistigen Liebe zwischen Mensch und dem Göttlichen gleichkommt.

Liebe hat nichts mit Denken zu tun. Denken schafft Bedingungen. Liebe aber sollte bedingungslos gegeben werden können.
Und da wir nun einmal in Begriffen Denken, ist die Liebe eigentlich nicht zu beschreiben. Man muss er-*leben*, um zu wissen was *Lieben* heißt.

Oft wird aber geglaubt, Liebe hätte ausschließlich mit dem Außen und mit einem anderen Menschen zu tun. Doch ebenso wichtig ist die Liebe zu sich selbst. Sich verzeihen zu können, sich annehmen zu können, sind die Grundvoraussetzungen anderen Menschen liebevoll entgegenzukommen. Egoismus ist etwas anderes, da er sich immer auf das eigene Verhältnis zum Gegenüber, zu den Menschen steht. Selbstliebe – von der hier die Rede ist, ist sich als Mensch auf dieser Welt zu mögen, zu schätzen und Seele und Körper gesund und rein zu halten.

Doch das schaffen wir nicht durch Denken, denn das Medium des Denkens ist die Sprache. Wenn wir aber unsere Vorstellungen statt sie in Worten zu kleiden, durch ihre eigentlichen Bilder ersetzen, sie also visualisieren – erzeugen wir damit nicht nur eine Beschreibung, sondern schaffen eine exaktes Bild dessen, was sich manifestieren soll. Wir brauchen Visionen!
Diese Visionen steigen aus dem Herzbewusstsein auf und werden als Bilder vor unser inneres Auge geworfen. Gedachte Worte, verdunkeln das innere Licht das wir eigentlich bräuchten, um unsere Wünsche zu visualisieren.

Zwar geben uns Wörter und Begriffe ein Gefühl der Sicherheit und der Stabilität. Doch wenn wir diese Gefühle mit unserer Sprache jemand anderem gegenüber äußern, kann es passieren, dass wir auf Zweifel stoßen – da unser Gegenüber mit dem selben Begriff vielleicht auch andere Konzepte verbindet. Über Sprache kann niemals ein Gefühl so beschrieben werden, dass es unser Gegenüber am eigenen Leib erfährt. Man muss die durch Worte vermittelte Erfahrung also selbst machen, denn die Beschreibung von etwas, ist niemals das Beschriebene.

Da wir uns aber an die Begriffe die wir im Laufe unserer Jugend gelernt haben gewöhnten, desto weniger sind wir heute dazu bereit neue Konzepte zuzulassen. Das ist bei vielen Menschen ein Normalzustand – doch alles andere als ein Optimal-Zustand!

Je mehr der Mensch in die »Sprachliche Welt« hineinwächst und sich darin perfektioniert, desto schwerer wird es für ihn die Dinge so wahrzunehmen wie sie wirklich sind. Auch die Dinge vor denen wir uns fürchten werden immer mit diesen sprachlichen Begriffskonzepten beurteilt und analysiert. Auf das was ist, wenden wir unsere Erinnerungen an. Und Erinnerungen sind gebunden an Zeit. Die Begriffe unter denen unser Gehirn die vergangenen Erfahrungen gespeichert hat, bilden in der Regel das Raster mit dem alle neuen Erlebnisse ausgesiebt werden. Wo dieses Begriffsraster bei manchen etwas mehr Spielraum bietet, ist es bei einem anderen Menschen vielleicht völlig undurchlässig.

Um aber etwas zu beobachten wie es wirklich ist, dürfen wir nicht unsere Erinnerung verwenden und auch dem Ding keinen Namen geben. Doch ist so etwas überhaupt machbar?

Ja!

Es gilt zu beobachten und achtsam zu sein, ohne dabei im Denken aktiv zu werden, ohne in Schubladen von gut und schlecht, richtig oder falsch einzuordnen, ohne Bewegung nach links oder rechts. Reaktionen die wir als Angst wahrnehmen, können nur ohne Urteil bewertet und verstanden werden.
Angst entsteht, wie wir bereits angedeutet haben auch dann, wenn wir das Gefühl haben etwas loslassen zu müssen. Krankheit ist eines von vielen Beispielen für eine solche Notwendigkeit. Sie ist mitunter ein Warnsignal das uns anzeigt, dass sich das beschriebene Gedankennetz unserer sicher gewähnten Haltungen, schon über zu lange Zeit in eine falsche Denkrichtung weiterentwickelt hat. Bestimmte Begriffskonzepte haben uns anscheinend von unseren nicht gelebten Leidenschaften, Träumen und Lebenswünschen abgelenkt. Erfah-

ren wir von dieser »Kursabweichung«, fürchten wir uns, da uns die vielleicht unbekannte, innere Stimme auf einmal ganz klar und unmissverständlich zu wissen gibt, dass uns bald unser sicherer Halt verloren geht. Denn dieser Halt war, wie wir bereits gesagt haben, ein begriffliches Gedankenkonzept in unseren Erinnerungen. Wenn wir schon lange Zeit unsere Hoffnungen darauf gesetzt haben, wird es auf einmal hinfällig und wir bekommen Angst.

Hier ist der Punkt an dem der Heiler ansetzen sollte, denn Angst ist das Leiden, von dem alle anderen Leiden entspringen. Und jede Angst geht einher mit Schuldgefühlen. Nicht nur Schuld wegen dem was wir anderen angetan haben, sondern dem was wir uns selbst angetan haben oder auch dem was wir unterließen, das wir besser für uns getan hätten!

Das ist aber nur die Spitze des Eisbergs dessen, was in Wahrheit auf der Welt vor sich geht. Es ist eine globale Angst, die auf ein globales Schuldgefühl zurückgeht und immer wieder von neuem geschürt wird.

Dies hat seinen Ursprung im natürlichen Umstand, der einst zur fast vollständigen Selbstzerstörung der Menschheit geführt hat – dem was ich Anfangs beschrieben habe: Das Ende einer Menschheit.

Die Leiden der Menschen kommen von Trennung und Vereinzelung; Trennung von Gott, Trennung von einander, Trennung von unserem wahren Selbst. Liebe und Trennung entsprechen im übertragenen Sinne den beiden Polen von Einheit und Zweifel. Doch eigentlich gibt es nur »Ein Selbst« – das Selbst aller Menschen. Darum haben die Leiden ihre Ursache in dieser Trennung. Auch unser persönliches Leid in Krankheit, Armut und Trauer ist ein Resultat dieser Trennung. Hüten Sie sich aber davor unseren in Not geratenen oder in Furcht lebenden Nächsten, auf diese Weise zu kategorisieren. Alle Menschen, alle »Selbste«, sind miteinander verbunden. Darum hängt die Verantwortung niemals alleine an einem einzelnen Menschen. Doch die Veränderung einer misslichen Lage die einen Menschen zurück in die Normalität führt, kann nur durch Bildung einer neuen Einheit gelingen. Zuallererst sollte darum dieser Satz in die Tat umgesetzt werden:

Ich be-*freie* mich der Schuld-*gefühle*.

Nur mit diesem Anfang können wir uns in unserer Lebenssituation verbessern und mit diesem Wissen auch unseren Mitmenschen helfen – immer dann, wenn sie uns um Hilfe bitten.

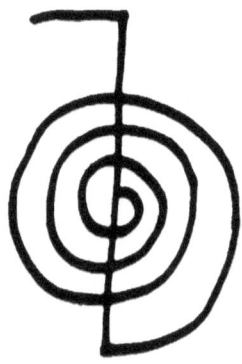

Es steht uns frei, wofür wir uns entscheiden. Doch als Heiler sollten wir versuchen diese Freiheit dem Hilfesuchenden zurückzugeben. Freiheit heißt nicht »Freiheit der Wahl«!
Freiheit heißt sich auf _eine_ Sache, auf einen

Weg festzulegen. Das muss man verstehen und in sich selbst verinnerlichen.

Die einzige Wahl die wir haben um gesund zu sein und diese Gesundheit jemandem zu vermitteln ist »Ja zu sagen«! Dankbar zu sein.

- Danke das es jemanden geben wird, der mir helfen kann.
- Danke dafür, was ich jetzt habe.
- Danke der Mutter Erde aus der mein Körper geformt wurde.
- Danke der geistigen Macht des Universums, der Engel und der spirituellen Hierarchien.

Alles was trennt macht krank – doch dann auch heil. Wenn wir dazu bereit sind, ist Krankheit ein Weg zur Gesundheit!

Alles was zusammenführt ist Freiheit und Gerechtigkeit – ist Einheit und das Wahre. Das Opfer das wir für die Freiheit erbringen müssen, ist nicht was wir nehmen, sondern das was wir jemandem geben sollen der Hilfe benötigt. Gerechtigkeit kommt von Innen.

Trotzdem passiert es sehr oft, das viele Menschen sich wegen ihrer Schuldgefühle selbst bestrafen. Und daher kommen viele schwere Krankheiten – Zivilisationskrankheiten – sogenannte »unheilbare Krankheiten« – an denen Menschen, ja die ganze moderne Menschheit leidet. In Wirklichkeit aber leben wir auf diesem Planeten als erleuchtete Beschützer der Erde – was aber tun wir mit der Erde? Wir scheinen es vergessen zu haben. Und unser Planet krankt mit uns.

Kraft der Gedanken

Das Wurzelwerk eines Baumes durchdringt die fruchtbare Erde, breitet sich in ihr aus und gibt dem Baum Leben und Halt. So wächst er von der Erde in den Himmel. Ähnlich der Wurzeln des Baumes, breiten sich die Neuronen in unserem Gehirn aus und bilden, sinnbildlich gesprochen, das Wurzelwerk unseres Denkens. So wie der Baum aus der Erde seine Nahrung und Kraft bezieht, um Stamm, Äste und Wurzelwerk auszubilden – so durchdringt die Kraft unserer Gedanken unser Fühlen, unseren Körper und unser Handeln.

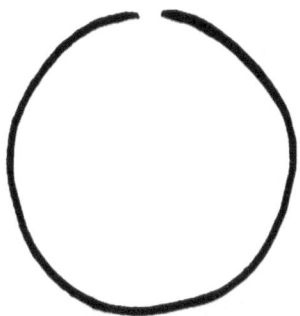

Und da sich in unserem Gehirn immer wieder Neuronen alter Denkbereiche zurückbilden und andere in neuen Gehirnarealen ausbilden, können wir durch Umdenken in unserem

Geist neue, erbauliche Denkstrukturen errichten.

Umdenken beginnt bei den meisten Menschen mit der Einschätzung der vorherrschenden Situation. Wenn sie die Dinge in ihrem Leben untersuchen, aktivieren sie ihren inneren Analysator der als eigenständige Entität die Dinge im Außen bewertet. Es ist eine Art Zensor der beurteilt was richtig, was falsch und was widersprüchlich ist – ein Teil des Geistes der immer das analysiert, was »Er selbst« durch sein Denken erzeugt hat. Aus diesem Ergebnis resultieren die meisten unserer Gefühle. Und wenn diese über eine lange Zeit hinweg negativ waren (sind?), bilden sich konsequenterweise Ängste, manchmal auch Wut. Also analysiert dieser innere Zensor im Grunde genommen die Angst, die er selbst erzeugt hat – durch Zweifel, Grübeln und kontinuierliches Beurteilen der Vergangenheit.

Analyse beinhaltet nun also Zeit und einen Analysator. Es benötigt Zeit, die Dinge zu denken und wiederum Zeit, sie hinterher zu analysieren.

Dabei ist der Analysator einer von vielen Anteilen, aus denen sich die Psyche zusammensetzt. Leider aber erreichen wir durch Analysieren nicht, die Menge unserer negativen Gedanken zu verkleinern oder aufzulösen.

Die Vorstellung, dass man negative Geistes- und Gefühlszustände stufenweise durch eine strukturierte Analyse auflösen könne, ist ein Trugschluss. Solange die Strukturen unseres Geistes sich aus all den verschiedenen, in unserem Gehirn beheimateten »psychischen Beratern« zusammensetzen, wird immer wieder ein Teil die Rolle des Analysators übernehmen und die Geisteskonstrukte der anderen Anteile zu Nichte machen – im Glauben, »ER« (= der jeweilig aktive, psychische Anteil) würde den Wert des Denkens aufwerten.

Es ist ein Zustand, der sich aus der Tatsache heraus erklären lässt, dass die Selbstanalyse von Gemütszuständen in konträrem Widerspruch steht zu dem, was man Einssein nennt. Denn Einssein heißt ungeteilt sein – heißt ganz sein. Es ist letztendlich die Vorstufe zur höchsten Form des Bewusstseins, die ja auch in allen spirituellen Weisheitslehren angestrebt wird. Entweder als das Einssein in der Transzendenz – wie etwa im Buddhismus – oder es ist das Einssein wie es die monotheistischen Religionen zum Vorbild haben, in deren Lehren stets dargestellt wird, wie man im Gedenken und im Gebet an Gott, sich mit diesem Einheitsprinzip verbindet und ver-EINT.

Um den Weg des »Einsseins« zu gehen, müssen wir bereit sein, unser Leben zu verändern, sogar vollkommen auf den Kopf zu stellen, um einmal die Perspektive zu wechseln. Wir müssen zuerst eine andere Sicht auf die Dinge entwickeln, die uns stören. Doch so ein Kopfstand ist, wie wir alle wissen, eine unbequeme Haltung – mindestens so unbequem wie die Veränderung des eigenen Lebens, mit all seinen eingeschliffenen Fahrspuren, auf denen wir uns in unserer tagtäglichen Bequemlichkeit vor- und zurückbewegen. Doch auch diese »Fahrrinne der Gewohnheiten« ist irgendwann abgenutzt und bringt uns allerlei Scherereien. Leben ist Veränderung – Gleichheit und Normalität lassen unser Lebensvehikel – den Körper – langsam aber sich in den Abgrund rol-

len. Sei es nun finanziell oder gesundheitlich – Normalität gilt nur für eine bestimmte Zeit und ist ebenso dem Wechsel von Licht und Finsternis untergeben wie Erde, Mond und Sonne dem Zyklus der Tage, Monate und Jahre.
Normalität ist eigentlich eine Art Schlafzustand, wie ihn einst der Esoteriker Georges Gurdjieff bezeichnete. Nur äußert ungern lassen wir uns da herausreißen. Doch dieser Schlaf (der Vernunft) gebiert Monster – um sinnbildlich die Worte Francesco de Goyas zu verwenden. Es ist der Schlaf, der uns am Handeln hindert und die darin erlebten Bilder manchmal zu einem Alptraum mutieren. Manche erwachen irgendwann und werden aktiv – verändern ihr Leben. Andere verharren darin, bleiben durch endlose Analysen der Vergangenheit im Alptraum der Opferrolle gefangen.

Gelingt es uns aber ohne analytische Untersuchung, ohne Wertung eines bestimmten Erlebnisses oder Geisteszustandes wahrzunehmen, bekommen wir eine klare Sicht. Wir werfen unseren Blick direkt auf das, was gerade ist. Darin liegt die Lehre (auch die Leere!) unser Leben zu verändern und einen neuen

Schwung hineinzubringen. Das bedeutet dass die Kraft der Gedanken in Wirklichkeit die Kraft des Nichtdenkens ist, die Kraft der Stille in der Gemütszustände betrachtet, erkannt und deutlich werden, ohne die Eintrübungen, die sich in der Vergangenheit aus anderen solchen Zuständen in unserer Erinnerung angesammelt haben. Analyse ist also immer eine Angelegenheit, die einen zurückbindet an das, was einmal war. Die eigene, persönliche Geschichte aber – wir sollten sie ruhen lassen. Auch nicht verneinen was war, sondern stattdessen alternative, *neue* Wege finden.

Unser Gegenüber

Jeder Mensch hat ein Bild von der Person, mit der er Zeit verbringt. In der Erinnerung an dieses Bild fühlen wir uns sicher. Darin versuchen wir alle Gedanken einzuordnen. Es gleicht einer Form, die sich in unserem Geist allmählich festigt. Wenn diese Form, dieses Bild, aber nach und nach erstarrt, ist keine Veränderung mehr möglich. Leben heißt aber Veränderung. Leben heißt zu fließen. Wenn ich mein Bein in einen Fluss stelle, so behält der Fluss seinen Namen – doch das Wasser, das mein Bein umspült, verändert sich jeden Augenblick. Ebenso ist jeder neue Atemzug, den ich mache, ein anderer als der letzte den ich genommen habe – jeder Herzschlag ist einzigartig. Unser Körper verändert sich jeden Augenblick.

Alte Zellen sterben, werden ausgesondert – neue Zellen entstehen, werden integriert. Und da unser Denken untrennbar mit den biologischen Vorgängen zusammenhängt, sollte es jedem einleuchten, dass das im Denken festgehaltene, mit großer Wahrscheinlichkeit einige Zellen daran hindert, durch neue Zellen ersetzt zu werden. Solche Zellen beginnen dann zu gären, werden sauer und bringen das körperliche Gleichgewicht in Schieflage. Das ist die Ursache der schwerwiegenden Zivilisationskrankheiten. Schlechte Angewohnheiten wie etwa Zigarettenrauchen, übermäßiger Alkoholgenuss, Zuckersucht und zuviel tierische Nahrung tragen dazu bei.

Wenn wir uns regelmäßig von alten Bildern und Konzepten lösen, wirkt sich das auf unser ganzheitliches Wohlbefinden aus – eben genauso wie unsere Konsumgewohnheiten sich darauf auswirken. Denn das Bild von einer Sache, von uns selbst, von einer anderen

Person oder von einer Situation, ist nicht die tatsächliche Sache. Die Bilder, die unsere Gedanken im Kopf entstehen lassen, sind meist das, was wir in unserem bisherigen Leben gelernt haben und erinnern können. Bild und Tatsache sind aber zwei verschiedene Dinge. Wäre in uns kein Bild das wir uns von der Wirklichkeit schaffen, um die Dinge einzuordnen, vielleicht hätten wir dann mehr Energie, um Liebe und Fürsorge anderen und auch uns selbst zu spenden.

Alleine zu wissen, was man eigentlich tut (oder anrichtet) – bereits damit ist anderen geholfen. Wenn man Gutes tut und sich wohl fühlt, ist da einfach kein Raum für Leid – weder beim Heiler noch beim Hilfesuchenden.

Wie viel Erfolg wir mit unseren Heilbemühungen haben, hängt von verschiedenen Faktoren ab. Besonders relevant ist das Alter des Hilfesuchenden. Geistiges Heilen ist natürlich effektiver bei einem kleinen Kind als bei einem Erwachsenen. Bei einem Erwachsenen bestehen wiederum bessere Chancen auf Heilung als bei einem sehr alten Menschen. Je älter eine hilfesuchende Person ist, desto mehr muss vom Heiler überbrückt werden.

Manchmal sind unsere geistigen Strukturen so stark in uns verankert, dass sich unser körperlich-seelisches Vehikel nur schwer von der Stelle bewegen lässt. Als Bild denke man an ein altes Schiff, dass seit langer Zeit im »Hafen der Erinnerungen« vor Anker liegt. Die Bedingungen haben sich so sehr verändert, dass alles Wasser (das Leben) immer weiter abebbt. Der Kapitän des Schiffes (das Ego) hätte den Anker eigentlich längst lichten müssen. Da nun das Schiff (der Körper) auf dem Trockenen liegt (im Ungleichgewicht), muss es mit äußerer Hilfe (dem Heiler), über den ausgetrockneten Grund (die festgefahrenen Gewohnheiten, Launen und Ansichten) wieder auf das entfernte Meer (den Ursprung des Lebens) zurückgeführt werden – und das erfordert sehr, sehr viel Kraft!

Es sollte Aufgabe eines Heilers sein, geistiges Kraftpotential beim Hilfesuchenden zu aktivieren und in einen Selbstheilungsprozess umzuwandeln. Statt den anderen »gesund machen zu wollen«, muss der Heiler versuchen sich in die Realität des anderen hineinzuversetzen und darin die energetischen Bedingungen so verändern, dass der Hilfesuchende sich selbst helfen kann. Das ist der Optimalzustand.

Praktische Methoden wie etwa Reiki, Huna, Pranaheilung, Kinesiologie, etc. sind sicherlich sehr hilfreich, reichen aber alleine nicht immer aus.

Wir müssen uns gefühlsmässig in das Raumzeitgefüge des Hilfesuchenden begeben und den darin befindlichen Punkt erspüren, an dem das Problem verankert ist. Dieser Punkt ist gleichzeitig der Schüssel mit dem sich das Lichttor der inneren Heilquelle eröffnen lässt.

Krankheit und Heilung liegen sehr nahe beieinander – sie wurzeln im selben Grund des Bewusstseins.

Heilung beginnt zuerst im Geist.

Ihre Stärken wollen gefunden und gestärkt werden

Sie müssen kein/e Heiler/in werden um sich im Leben etwas Gutes zu tun. Es ist eher eine Berufung, die man aus tiefer Überzeugung verspürt, ein Wunsch, diese Welt ein wenig besser zu machen. Die Erfüllung dieses Wunsches ist nicht nur wenigen Auserwählten vorbehalten. Jeder Mensch kann auf seine Weise zu einer positiven Entwicklung in der Gesellschaft und in der Natur beitragen.

Gute Heiler/innen gehen aus vielen Berufsgruppen hervor. Manche waren Krankenschwestern oder -pfleger, andere Handwerker, wieder andere Verkäufer, Banker, usw.

Der amerikanische Autor Alan Young (Buch: »Das ist Geistheilung«) war – bevor er den Weg eines Heilers wählte – im Management einer der größten amerikanischen Konzerne tätig. Egal ob man also jahrelang als Kaufmann, Jurist, Wissenschaftler, als Künstler oder im öffentlichen Dienst gearbeitet hat: Die Fähigkeit anderen zu helfen, andere Menschen zu heilen, besitzt jeder. Jeder kann auf seine Weise dazu beitragen, dass menschliches

Leid gelindert wird. Der ursprüngliche Beruf spielt dabei keine allzu wichtige Rolle. Eine professionelle Auseinandersetzung mit der eigenen Person ist jedoch notwendig. Selbstreflexion und auch die eigenen Schattenseiten zu erkennen, ist unerlässlich. Wenn wir unsere Schwächen ignorieren, werden wir unsere Stärken unbewusst schwächen.

Um professionell als Heiler/in arbeiten zu können, sollten wir nicht in Projektionen verfallen. Nur wer sich selbst verstehen lernt, kann anderen helfen. Krankheit hat – und da geben Sie mir sicherlich Recht – immer mit einer energetisch-psychischen Schieflage zu tun. Psychische Gegebenheiten entstehen nicht immer ad-hoc, sondern ergeben sich oft aus bestimmten, jahrelang eingenommenen Angewohnheiten, Denkmustern und Geisteshaltungen, die zu entsprechenden Verhaltensweisen führen – wie man lebt, was man isst, mit wem man verkehrt, ob man Sport treibt, wie man von seiner Umwelt wahr- und angenommen wird.

Ein Heiler hat viel mit einem Künstler gemeinsam. Maler erschaffen durch Form und Farbe noch nie zuvor Dagewesenes. Erfolgreich ist derjenige Künstler, der mit seinem

Schaffen einen Bereich in der kreativen Welt bedient in dem zuvor ein gewisser Mangel bestand, etwas gefehlt hat, das durch ihn gegeben wurde: er hat Neues geschaffen.

Krankheit ist ein Mangel den man an der gängigen Frage eines Arztes erkennen kann, wenn er seinen Patienten nach dessen Befindlichkeit fragt: »Was fehlt Ihnen?«

Fragen helfen weiter

Es ist nicht so, dass besonders viele Menschen den Wunsch verspüren Kranke zu heilen, was an sich auch nicht weiter schlimm ist. Da sind viele andere Dienste die man auf der Erde zum Wohle aller tun kann. Kranke zu heilen ist nur einer davon. Sie sollten auf jeden Fall sorgfältig prüfen, was ihre Motive dafür sind, das eine oder das andere zu tun. Wenn Sie Heiler/in sein möchten, sollten Sie sich fragen, welche Sehnsüchte Sie damit erfüllt sehen.

Solange man die eigene Stärken nicht kennt, wird man vielleicht ein eher eigennütziges Motiv wählen, das man im Außen bei anderen gesehen hat, ohne das es aber dem inneren, oft unbekannten Wesen entspricht. Darum kann ich nur empfehlen – auch wenn Sie nicht unbedingt als Heiler/in (weiter)arbeiten möchten – sich Ihrer selbst bewusst zu werden, ihr Inneres besser kennenzulernen, Selbst-Bewusstsein zu bekommen und die Verantwortung für das eigene Leben zu übernehmen.

Sie könnten sich zunächst die Frage stellen, was die Wahrheit über Sie selbst ist, denn alles liegt in Ihnen verborgen und wartet darauf erkannt zu werden.

Fragen Sie also danach was Ihnen am ehesten entspricht.

1. Was gefällt mir am meisten?
2. Was stößt mich am meisten ab?
3. Worauf reagiere ich besonders positiv?
4. Welche Wünsche habe ich, die ich gerne erfüllt sehen würde?
5. Welche Ziele habe ich?

Die Beantwortung dieser ersten Fragen führt sie schon einen Schritt näher an das Wesentliche Ihres Daseins. Später bekommen Sie die Gelegenheit diese Fragen noch genauer zu beantworten.

Hiermit will ich einleiten, dass es darum geht wesentlich zu leben und hinter den Schutzwall der Gewohnheiten eingefleischter Denkformen zu blicken.

Es ist oft unser verhärteter Anspruch auf ein ungestörtes Leben und eine gesicherte Geborgenheit, die uns im festen Gefüge des Bekannten gefangen halten. Dahinter verborgen, liegen unbewusst bei vielen Menschen die eigentlichen Stärken und Talente. Es gilt also diesen Schutzwall der Gewohnheiten zu durchstoßen, um der Wirklichkeit unseres Wesens gewahr zu werden und so unsere Talente zu erkennen.

Im Leben mancher Menschen haben sich schwere Schicksalsschläge ereignet, die dazu führten, dass die verhärtete Grenze des Alltagsbewusstseins durchlässig wurde. Manche von ihnen kamen so zwar schneller zu ihrer Wesentlichkeit, doch der kürzere Weg ist meist auch der mühseligere. Man kann einen Gipfel erreichen, indem man die Steilwand hinaufklettert oder gemächlich den von »der Allgemeinheit« eingetretenen Pfad hinaufgeht. Die Energie, die dabei aufgewendet werden muss, ist letztendlich die Gleiche – nur Zeitmaß und Kraftaufwand unterscheiden sich. Der erste Weg ist der schnellere, aber auch der gefährlichere – der zweite ist zwar sicherer, doch insofern gefährlich, als das man auf dem Weg all den anderen begegnet, die einen möglicherweise davon abhalten einen wirklichen Schritt im Leben zu wagen. Es liegt an uns was wir tun, denn es lassen sich überall Vorteile finden, wenn wir nur bereit sind sie auch anzunehmen.

Ihre Stärken wollen erkannt werden

Folgende Betrachtungen sollen einen ersten Rahmen bieten, sich Ihrer Fähigkeiten bewusst zu werden. In einem weiteren Kapitel werden wir uns aber noch intensiv mit diesem zentralen Thema befassen und gemeinsam viele Antworten finden.

Um Ihre Talente und Stärken zu erkennen, können Sie ihre Reaktionen auf Situationen beobachten, die sie mit sich selbst oder anderen Menschen erleben. Bereits ein geschärfter Blick auf diese Reaktionen bietet Ihnen wichtige Hinweise auf ihre persönlichen Stärken. Diese spontanen Reaktionen auf Gegebenheiten, das Beobachten ihrer Sehnsüchte und deren Befriedigungen, werden Ihnen helfen, den Pfad Ihrer Stärken zu finden. Lauschen Sie nach inneren Hinweisen und fragen Sie sich immer wieder:

1. Wie sähe der Tag aus, wenn ich frei von den gegenwärtigen Einschränkungen wäre, und keinerlei nachteilige Folgen zu befürchten hätte?

2. Bei welchen Tätigkeiten wird in mir die größte Energie freigesetzt, so dass um mich herum die Zeit stehen bleibt und ich immer und immer weitermachen könnte?

3. Welche Bereiche meines Lebens bin ich

gewillt zu verändern, um diese Tätigkeiten öfter ausüben zu können?
4. Welche der folgenden Stichworte entsprechen mir am ehesten?

Kontaktfreudigkeit - Selbstbewusstsein - Wissbegierde - Kommunikation - Einfühlungsvermögen - Harmoniebestreben - Leistungsbezogenheit - Bindungsfähigkeit - Überzeugungskraft - Verantwortungsgefühl - Optimismus - Analytisches Denken - Autorität – Anpassungsfähigkeit.

Welche anderen Stichworte fallen ihnen ein? Je mehr Antworten Sie finden desto besser!

Nehmen Sie sich Zeit!

Die Prinzipien des Erfolgs im Leben

Ihr persönlicher Erfolg besteht aus dem Erreichen eines von Ihnen als erstrebenswert anerkannten Ziels. Besonders positiv ist, wenn dieses erreichte Ziel anderen Menschen direkt oder indirekt von Nutzen ist.

Die Qualität des Erfolgs und wie dieser empfunden wird, hängt sehr stark vom Reifegrad unserer Person ab. Auch spielt der kulturelle Rahmen in dem wir leben eine wichtige Rolle. Was für einen Börsenmakler Erfolg heißt, muss für einen buddhistischen Yogi überhaupt nichts bedeuten, denn das Ziel des Yogi besteht ja darin sich von den weltlichen Dingen zu lösen, während ersterer versucht weltliche Dinge anzuhäufen, die ihn aber binden.

Was streben Sie also an? Etwa einen Mittelweg? Eine Beantwortung dieser Fragen erhalten Sie mit dem Erreichen des von Ihnen gesteckten Ziels.

Es gilt das eigene Wesen zu erkennen, danach zu leben und seine Lebensziele darauf auszurichten. Das ist natürlich leichter gesagt als getan und leider gelingt es nur wenigen Menschen. Sie können aber einer davon sein – wenn Sie möchten.

Da unser Beruf unseren Körper ernähren soll, sind wir zum einen dann erfolgreich, wenn dies erfüllt wird – zum anderen sind wir erfolgreich, wenn wir mit dem was wir tun unser Lebensziel erfüllen – was natürlich voraussetzt das wir es kennen. Allgemein wird Erfolg mit dem Erreichen beruflicher Ziele verbunden. Dabei sollte man aber nicht vergessen, dass wahrer Erfolg und der Erfolg der mit den Ideen anderer aufgewertet wurde, zwei völlig verschiedene Dinge sind. Trotz dass es so viele Lebensziele gibt wie Menschen auf diesem Planeten, richten sich in Deutschland und anderswo in der Welt die Menschen danach was die Allgemeinheit vorgibt. Sie versuchen dort erfolgreich zu sein, wo es ihnen andere vorgemacht haben. Doch ist das wirklich die Antwort auf die nagende Frage, wie man mit dem was man wirklich, wirklich will auch Geld verdienen kann?

Wissen Sie was Sie wirklich, wirklich wollen?

Erfolg haben all diejenigen, die sich in andere Menschen hineinversetzen können. Empathievermögen ist die Basis für den Erfolg. Richtet man sich nur nach dem was die Masse macht, hat man selbstverständlich entsprechend viel Konkurrenz. Vielleicht kommt daher das Misstrauen des Durchschnittsmenschen gegenüber neuen, innovativen Ideen – insbesondere solchen, die mit Alternativheilkunde oder Geistigem Heilen zu tun haben. Doch das soll uns nicht weiter kümmern, denn …

ERSTENS ist das Ziel wichtig.

Ohne Ziel kein Erfolg. Um ein Ziel zu setzen braucht man einen Rahmen in dem dieses Ziel erreicht werden soll:

1. *Was will ich erreichen?*

    - Was gesundheitlich, finanziell, in meiner Familie, in meinem Freundeskreis, in der Welt?

    - Ergänzen Sie die Antworten hierauf mit den Fragen, die Sie im letzen Kapitel beantwortet haben.

2. Wann will ich mein Ziel erreichen?

- Setzen Sie sich für das Erreichen Ihres Ziels einen genauen Zeitpunkt. Aussagen wie »in den kommenden Jahren« sind wirkungslos, da das Ende offen bleibt.

- Formulieren Sie in einem konkreten Satz ein exaktes Datum, z. B. »Ich will bis zum 1. Juni 20__ _____ erreicht haben«, oder »Ich will bis 2. Februar 20__ mindestens _____ verdient haben.«, usw.

- Wenn Sie nicht irgendein Datum zufällig wählen möchten können Sie entweder einen Festtag wählen (Ihren Geburtstag, Weihnachten, Ostern, usw.) oder Sie besorgen sich ein Numerologie-Buch und eins über esoterische Sternenkunde und berechnen selbst ein optimales Datum.

3. Wenn ich ein Ziel gefunden habe, welche Vision führt mich dorthin?

- Visualisieren Sie den Weg der Zielerreichung.
- Welchen Tätigkeiten gehen Sie dazu nach?

4. *Wie will ich mich fühlen, wenn ich dieses Ziel erreicht habe?*

- Die Antwort »Ich will mich gut fühlen!«, bringt nichts. Sich gut zu fühlen ist Voraussetzung, um überhaupt ein Ziel anzusteuern (wie man Negativität überwindet sehen wir weiter unten). Wie würde es sich anfühlen, wenn Sie Ihr Ziel bereits jetzt erreicht hätten?

Vergessen Sie nicht: Zeit ist eine Illusion – Es gibt nur ...

JETZT!

Eine der meist unterschätzten Tätigkeiten die zum Erreichen der persönlichen Ziele unbedingt erforderlich sind, ist das Setzen von Teilschritten. Sie sollten versuchen Teilerfolge beim Abschluss dieser Schritte zu erreichen. Meistens entwickeln sich die Dinge etwas anders als man sie sich zuerst gedacht hat. Aber die Aufmerksamkeit dafür, dass ein Erfolg oder ein Teilerfolg eingetreten ist, können wir nur entwickeln, wenn wir wissen was wir wollen.

Dann ist es umso schöner hinter jedem Teilerfolg im Plan unseres Lebens ein »Häkchen« setzen zu können. Wir können nur erkennen, was eine Form besitzt. Ein Erfolg und ein Teilerfolg schafft eine solche Form – finanziell, geistig, emotional, gesundheitlich, usw. ...

ZWEITENS: Messen Sie Ihre Erfolge – täglich! Führen Sie akribisch Buch über das was zu tun ist und das, was Sie davon bereits erreicht haben.

Nehmen Sie sich aber nicht zuviel vor. Denn wenn Sie nicht erreichen, was Sie sich vorgenommen haben, führt das wie jeder weiß zu Ernüchterung und Verdruss. Erfolg ist immer durch den Grad der Ziel*erreichung* definiert. Je höher wir ansetzen desto mehr Kraft entwickeln wir, um größere Hürden zu überwinden. Je niedriger wir ansetzen, desto einfacher lassen sich die Hürden nehmen. Alle haben klein angefangen!

Ein Tipp der mir sehr geholfen hat, war der mit den drei Heften:

Legen Sie sich drei Hefte zu (Vorschlag: Schulheft A5, blanko).

In das **1. Heft** versuchen Sie täglich wenigstens 10 Ideen zu schreiben, von denen Sie glauben, dass Sie zu Ihrem Erfolg beitragen. Versuchen Sie das 40 Tage durchzuhalten – danach geht es wie von selbst.

In das **2. Heft** schreiben Sie sich die 6 wichtigsten Aufgaben die Sie morgen erledigen *müssen*. Links steht die Bezeichnung der Aufgabe, rechts davon die genaue Beschreibung (kurz und knackig).

Mehr als 6 sind meist zuviel und werden nicht ausgeführt. Bedenken Sie: alles was Sie machen wollten, aber nicht ausführen konnten, oder niemals ausführen konnten schafft eine Quelle der Frustration. Also: 6 Aufgaben sind vollkommen ausreichend.

In das **3. Heft** notieren Sie sich wie lange Sie für eine Aufgabe brauchen. Das kann z. B. auch die genaue Dauer einer Heilsitzung sein, die ein Klient bei Ihnen in Anspruch nimmt. Aber auch alle anderen Aufgaben die es zu tun gibt, wie etwa Recherchen durchführen, Telefonate führen, Emails verfassen, Buchhaltung machen – für all das sollten Sie genaue Zeiten aufschreiben, damit Sie in Zukunft wissen, wie lange sie für diese Aufgabe benötigen.

Wenn man noch nicht so gearbeitet hat, ist das vielleicht etwas mühselig. Bitte halten Sie aber wenigsten 40 Tage durch und ich verspreche Ihnen: es wird zur Routine.

Nach einem Jahr nehmen Sie sich ein paar Tage Zeit und schauen sich diese drei Hefte an. Sie werden sehen, das es Gold wert ist, was Sie damit zustande gebracht haben!

»Wer steilen Berg erklimmt, hebt an mit ruhigem Schritt.«
SHAKESPEARE

Negativität und positives Denken

Negative Reize sind sehr starke Reize und wirken stärker als positive. Jeder Psychologe weiß das. Es ist ein biologisches Phänomen das hier zum tragen kommt, denn Menschen und Tiere müssen negativen Reizen eine höhere Aufmerksamkeit schenken um sich zu schützen – um zu überleben.

Gleichzeitig bewirken negative Reize die Ausschüttung von Stresshormonen wie Adrenalin oder Cortisol. Durch diese körpereigenen Substanzen reagiert der Mensch mit erhöhter Anspannung und Aufregung. Oft erleben wir diese Anspannung, dieses Mehr an Adrenalin als positiv, was zur Folge hat, dass unsere Aufmerksamkeit automatisch dem Sender der schlechten Nachricht geschenkt wird. Daher verkaufen sich Krimis, deshalb mögen manche Menschen gerne Thriller.

Jedem dürfte einleuchten, das jemand der Hilfe benötigt – wie auch immer geartet – Negativinformationen wenig nützen.

Krankheit und positives Denken sind Gegensätze, selbst wenn andere behaupten das positives Denken krank mache und Erfolgsstrategien ein gefährlicher Schwindel seien. Zwar gibt es keine Musterlösung für jeden, aber jeder Mensch kann die Fähigkeit erwerben, durch die Gegenüberstellung zweier widersprüchlicher Aussagen zu eigenen Erkenntnissen zu kommen. Und mittels dieser Erkenntnisse auf seinem Weg weiterzukommen. Es gibt zwar mehrere Wege, doch wir können nicht alle Wege gleichzeitig gehen, sondern immer nur einen nach dem anderen.

Stellt jemand unsere Ziele in Frage ist das ein Vorteil. Denn die Negation der eigenen Zielvorstellung kann eine positive Funktion erhalten, die unseren Erkenntnisprozess auf eine höhere Ebene bringt. Wir verbessern unsere Zielsetzung, machen aus unserer Zielidee etwas genaueres, essentielleres. Durch die Negation kann unsere Idee auf neuer Ebene mit ihrer eigenen Verbesserung synthetisiert und damit veredelt werden. Es ist wie das Salz in der Suppe, die Prise des Bösen im Guten, das Yin im Yang. Jeder gute Parfümeur weiß, das von seiner Duftkreation ein besonders attraktiver Reiz ausgeht, wenn sich in der Lösung eine winzig kleine Menge einer Substanz befindet, die das Gegenteil eines Wohlgeruchs ist. Auch wenn ein Schriftsteller eine Geschichte erzählt, verleiht er Ihr dann einen besonderen Reiz, wenn am Ende etwas offen bleibt, und damit die Kreativität des Lesers durch das Gesetz des Widerspruchs angeschirrt wird.

Das bekannte Symbol des chinesischen Tao gibt dieses Prinzip wunderbar wieder: damit die Welt im Auf und Ab des zyklischen Vergehens und Entstehens bleibt, enthält das Dunkle einen Fleck des Hellen und das Helle einen Fleck des Dunklen.

Die Fähigkeit zu zerstören und die Fähigkeit zu heilen, liegen manchmal näher beieinander, als wir auf den ersten Blick hin glauben!

Kraft der Affirmation

Affirmationen können, wenn es einem wirklich schlecht geht, oft die einzige »selbsterzeugte Rettung« sein. Hier gilt wieder das Gesetz des Widerspruchs und der Negation. Geht es mir schlecht, drehe ich den Sinn um und suggeriere mir tausende male »Mir geht's gut«. So induziere ich in meinem Gedankenstrom eine Energie, die mich aus der Abwärtsspirale nach oben treibt.[2]

Das Selbe gilt auch für die Kommunikation mit unseren Mitmenschen. Es ist nicht so sehr entscheidend was ich sage, als das was ich damit im Kopf meines Gegenübers bewirke.

Bittet uns jemand um etwas, und wir antworten mit »kein Problem«, wird im selben Augenblick an uns automatisch das Wort »Problem« gekoppelt. So funktioniert unsere Psyche. Das Wort »Problem« genügt, um alle Erinnerungen an alle Problemsituationen, die im Gehirn seit unserer Geburt abgespeichert sind, neuroassoziativ zu aktivieren, denn unsere »innere Suchmaschine« arbeitet ununterbro-

---

[2] Ich möchte hier nur darauf hinweisen, dass es in allen spirituellen und religiösen Traditionen in Ost und West besondere Mantras gibt, die einem helfen können Negativität zu zerstreuen. Beispiele sind das Herz-Jesu-Gebet oder das Mantra Om-Mani-Padme-Hum.

chen. Je mehr Negativbegriffe Sie in einen Satz stecken, desto stärker spürbar bewirkt es eine Abwärtsspirale. Verstanden zu werden und einen Gleichgesinnten gefunden zu haben, ist so lange vorhanden wie sich unsere Wortwahl »im Plus befindet«. Je mehr es ins Minus geht, desto stärker werden die negativen Emotionen – unser Sympathiewert sinkt.

Darum bedeutet der berühmte Satz »Geteiltes Leid ist halbes Leid« neuropsychologisch soviel wie »Geteiltes Leid ist doppeltes Leid«! Selbst dann, wenn wir eigentlich unser Mitgefühl äußern möchten, funktioniert unser Gehirn eben anders. Es zeichnet unsere Gefühlszustände jeden Augenblick genau auf und speichert sie ab. Je mehr positive Momente wir im Alltag erleben, desto mehr wächst der mentale Speicher für positive Informationen in unserem Gehirn, die sich dann auch als positive Emotionen auswirken. So »programmieren« wir unser Gehirn auf Spaß am Leben, auf Freude und Wohlbefinden.

Um erfolgreich zu sein, lohnt es sich so konstruktiv wie möglich zu kommunizieren. Mit möglichst positiver Wortwahl zu suggerieren was möglich ist, und tunlichst alles zu vermeiden, was in der Kommunikation negative

Emotionen auslösen könnte – bei uns oder beim anderen. Wenn Sie sicher sind, beim anderen positive Emotionen ausgelöst zu haben, können Sie von erfolgreicher Kommunikation sprechen. Das schafft Vertrauen bei Ihrem Gegenüber und auch Sie selbst fühlen sich besser.

Sie sollten aber dennoch nichts überstürzen, denn wie ein deutsches Sprichwort sagt …

»Gemach fährt man den Berg hinauf«

9 Schritte in die berufliche Freiheit

Die Verwirklichung des eigenen Traums setzt voraus, das wir ihn kennen und bereit dazu sind darauf zuzugehen.

Damit ist die Bereitschaft gemeint, einen neuen Weg einzuschlagen, egal an welchem Punkt man gerade steht. Es ist nicht wirklich wichtig, wie alt man ist, wie vermögend oder unvermögend, wie gebildet oder ungebildet, und zu Anfangs auch egal, wie ungenau sich das durch den Traum inspirierte Ziel zu Anfangs darstellt.

Zunächst ist da die Inspiration etwas verändern zu wollen. Vielleicht auch nicht – dann lesen Sie bitte nicht weiter und freuen Sie sich einfach des Lebens

●

Seinen Traum zu verstehen und darin die Idee für ein erfülltes Leben zu sehen, erfordert eine Veränderung. Das ist etwas das viele Philosophen, Psychologen und Lebensberater immer und immer wieder hervorheben und ich ja auch immer und immer wiederhole.

Oft hält uns unser Umfeld davon ab etwas Neues zu wagen und wir glauben sogar selbst schon daran, dass es sich nicht ändern lässt. Doch unsere Perspektive ist oft beschränkt, da wir nur sehen können was war und was vielleicht sein könnte. Nur der wahre Istzustand scheint unabwendbar, da er immer wieder mit den Ängsten der Vergangenheit und den Befürchtungen der Zukunft identifiziert wird. Doch wie wir ja eigentlich wissen, liegt die Kraft im Jetzt!

Insbesondere wenn es um unsere berufliche Orientierung geht, glauben wir an Altem festhalten zu müssen »schließlich verdiene ich mein Geld damit«.

Versuchen Sie sich davon aber im Moment mal frei zu machen. Angenommen all Ihre Grundbedürfnisse wären gestillt? Was würden Sie dann tun?

Schreiben Sie es auf!

Die Bedingungen zur Umsetzung Ihres Traums werden geschaffen von Ihren Mitmenschen, deren Bedürfnissen und Problemen. Je mehr sich die Möglichkeiten Ihres Traums mit diesen Umweltbedingungen überschneiden, desto größer ist die Wahrscheinlichkeit das er sich umsetzen lässt – ja es ist sogar sehr, sehr wahrscheinlich, dass sich ihr Traum umsetzen lässt.

Welchen Traum haben Sie also?

Wenn aus ihrem Traum ein Nutzen für andere erwachsen kann, der Ihrer Umwelt bei der Lösung von Problemen und der Befriedigung ihrer Bedürfnisse hilft, können Sie ihn erfüllen. Oft scheint es keine offenbare Verbindung von Wunschtraum und Nutzen für andere zu geben, doch denken Sie nur an die Menschen und ihren Wunsch zu fliegen. Manche hatten es geschafft und damit später auch anderen Menschen die Möglichkeit gegeben sich diesen Traum zu erfüllen, der ja heute ein fester Bestandteil des Reisen geworden ist.

Hat jemand Anfang des 18. Jahrhundert behauptet er könne fliegen, hat man ihn ausgelacht und doch flogen die ersten Menschen noch im selben Jahrhundert mit einem Ballon über der Erde.

Wenn Sie die obige Frage so umfangreich wie möglich beantwortet haben und wissen, was Sie am allerliebsten tun würden, wenn für alles gesorgt wäre, können Sie sich auf den nächsten Schritt konzentrieren.

1. Konzentration statt Vielfalt

Konzentrieren Sie Ihre Kräfte auf das was Sie am allerbesten können.

Wenn Sie z. B. jemand sind, der schon sehr viel ausprobiert hat, oder ein/e Heiler/in der/die viele Ausbildungen und Zusatzausbildungen im Gesundheitsbereich gemacht hat oder gerade macht, dann fragen Sie sich: Was von alle dem liegt mir am meisten – was davon wirklich am aller, aller meisten? Bauen Sie darauf auf und benutzen Sie Ihre anderen Stärken, um diese eine Sache zu unterstützen. Bilden Sie ein System auf Grundlage ihrer größten Stärke, denn diese ist das Zentrum um die sich die anderen Stärken sammeln.

Es ist vielleicht schwer die richtige Entscheidung zu treffen. Lassen Sie sich ausreichend Zeit, um diese sehr wichtige Frage zu beantworten. Es ist ein Prozess der über gewisse Dauer stattfindet, bevor Sie wissen was wirklich die wichtigste Sache ist, die sie wollen.

Ein Tipp: fragen Sie Ihre Freunde nach ihren Stärken und nach ihren Schwächen. Schreiben Sie alles auf und vergleichen Sie die Ergebnisse. Unsere Mitmenschen kennen uns sehr viel besser als wir uns selbst!

Wie ich bereis oben erwähnt habe, lohnen sich auch numerologische und astrologische Analysen, am Besten durch ein Buch oder einen Fachmann der sie berät. Es sollte dann allerdings jemand sein, den Sie bisher noch *nicht* kannten, da er unvoreingenommen z. B. aus ihrem astrologischen Radix Stärken und Schwächen ablesen kann.

2. Die größte Wirkung erzielen

Wir alle kennen das: in der Partnerschaft reicht manchmal eine ganz kleine Bemerkung und der andere geht an die Decke. Oder: Ein fanatischer Sammler gibt für ein bestimmtes Objekt sein allerletztes Geld aus, um seine Begierde zu stillen. In beiden Fällen geht es um konzentrierte Wirkung.

Nicht wie sie etwas sagen, sondern wo sie etwas sagen ist entscheidend!

Nicht wieviel Geld Sie investieren ist wichtig, sondern wofür!

Dieses Prinzip ist uralt – mindestens so alt wie die promethische Kunst des Feuermachens. Wenn man einen Feuerbohrer besaß konnte man solange auf einem Punkt Hitze erzeugen, bis man schließlich Glut und eine Flamme entfachte. Es kommt eben auf die Konzentration der Kraft an, die wir auf einen Punkt richten. Wenn Sie mit einem Bauchladen unterwegs sind, ist es eben was anderes als wenn Sie Spezialist/in für eine Sache sind und die Kenntnisse ihrer anderen Wissensgebiete und Fertigkeiten darin einfließen lassen.

Wie erkennt man diesen wirkungsvollsten Punkt?

Wenn Sie Ihren Mitmenschen, vielleicht z. B. hilfesuchenden, kranken Menschen anbieten was sie dringend benötigen um wieder gesund zu werden, haben sie den wirkungsvollsten Punkt getroffen[3].

---

3 Wenn Sie eine/r von 100.000 GeistheilerInnen in Deutschland sind, in Ihrem Ort aber nur eine handvoll an dieser Therapieform

Konzentrieren Sie sich auf das Außen und weniger auf Ihre eigenen Probleme. Je besser Sie Probleme und Engpässe Ihrer Mitmenschen lösen, desto einfacher können Sie das auch mit ihren eigenen Engpässen tun.

3. Der Geist herrscht über die Materie

Wir hatten bereits gesagt: Es kommt nicht so sehr darauf an, wie viel materielles Potential Sie aufbringen, sondern welche immateriellen Faktoren Sie ins Spiel bringen. Zwar können Sie mit mehr Geld Probleme verschieben – aber wirklich lösen können Sie sie nicht. Es wird geistige Aktivität zur Lösung vorausgesetzt.

Alles was Sie erschaffen hat seinen Ursprung in Ihrem Geist. Bevor sie handeln haben sie eine Vorstellung, dann eine Idee, wegen der sie zur Tat schreiten und ausführen was wichtig ist.

Je besser Sie Ihre geistigen Stärken erkennen und beeinflussen, desto besser sind die Ergeb-

---

Interesse haben, ist die Wirkung entsprechend blass. Sind Sie hingegen GeistheilerIn der/die sich auf ein Gebiet spezialisiert hat, das eine große Zielgruppe anspricht, können Sie natürlich auch mehr Menschen helfen.

nisse auf der materiellen Ebene. Schöpfen Sie aus Ihren Emotionen und transformieren Sie sie in Energie, bevor sie Ihre Aufmerksamkeit auf die Ebene der Materie richten. Schaffen Sie sich solche emotionalen Hochenergien, indem Sie sich in Spannung versetzen. Sie sollen sich zu nichts zwingen. Denken Sie an die alten Wassermühlen, die immer an der schmalsten Stelle des Flusses gebaut wurden.

Sie sind was Sie denken. Und was sie denken bringt sie in eine gewünschte emotionale Ausgangsposition, von wo aus Sie die Wirkung in der Materie erzeugen.

4. Zu tun ist das, was Ihr Ziel von Ihnen verlangt

Viele von den unzähligen Entscheidungen in unserem Leben hängen davon ab von welchen Zielen wir überzeugt sind und worauf sich unsere Aufmerksamkeit richtet.

Je genauer unser Traumberuf (oder sonstiger Lebenstraum) bestimmt ist, desto besser können wir Informationen aufnehmen die uns zum Ziel bringen. Wenn Sie Französisch lernen möchten, interessieren Sie sich beispielsweise nicht für die Grammatik des Chinesischen. Je besser sie Ihr Ziel kennen, desto besser funktioniert die Informationsaufnahme für all das was sie zur Verwirklichung Ihres Ziels benötigen.

Das Treibende in der Welt ist der Widerspruch – was wir ja bereits in der Bedeutung des Yin-Yang erfahren haben. Lebendig sein kann nur was sich aus den Polen des Aktiven und Passiven zusammensetzt und von dem Gegensatzpaar Männlich und Weiblich vereinigt gezeugt und in die Welt kommt. Daher liegt auch in jedem Begriff und Wort die Tendenz, in sein Gegenteil, seinen Widerspruch umzuschlagen, um sich mit ihm so zur Einheit zusammenzufügen. Darum möchte ich Ihnen vorschlagen mal einen Widerspruch zum Titel dieses Buches zu erwägen – und sage: vergessen Sie den Wunsch erfolgreich zu sein. Ja – vergessen Sie ihn! Man wird nur erfolgreich wenn man es nicht um jeden Preis sein *will* – und nicht um jeden Preis sein *muss*!

Erfolg ist aber was geplant sein will – und es ist etwas das im Voraus verdient sein will!

Doch wir können nur erfolgreich sein, wenn wir andere mit auf den Weg nehmen.

Erfolg ist ein Synonym für das Wissen über was wir im Leben wirklich wollen, ohne dabei die Rechte unserer Mitmenschen zu verletzen, sondern ihnen dabei helfen Ihre Ziele zu erreichen (z. B. gesund und »heil« zu werden). Nur was wir in unserem Denken als Barriere setzen, beschränkt unseren Erfolg!

Erfolg ist die Summe richtiger Entscheidungen und ergibt sich aus der Konsequenz unseres Handelns. »Richtige Entscheidungen« können wir aber nur treffen wenn wir wissen, was »falsche Entscheidungen« waren, d. h. dass wir aus unseren Fehlern lernen. Wer gewinnen will und sich nach dem Glück sehnt, muss auch die Fähigkeit haben zu scheitern. Erst dann können wir weitermachen und zusehen, was möglich ist – nämlich die Probleme anderer zu lösen.

Je besser Sie das tun, desto größer ist Ihr Erfolg. Der Erfolg ist eigentlich nur eine »Nebenbedingung« für Ihren Heiler/innen-Beruf – vielleicht zwar überlebensnotwendig, es soll aber nicht der Kern all Ihres Handelns sein. Das Erreichen Ihres Ziels soll Ihnen Spaß machen und Ihnen Freude bringen. Bevor Sie sich für das eine entscheiden und nur noch als Heiler/in arbeiten möchten, halten Sie sich bitte auf zwei Beinen, d. h. einem Standbein das Ihr Einkommen sichert und einem Spielbein womit sie ausprobieren was Sie als Heiler/in erreichen können. Allmählich verlagern Sie das Gewicht.

5. Was können Sie besser?

Alle bisherigen Punkte (1. bis 4.) haben nur dazu gedient, aus all den vielen Möglichkeiten die Ihnen zu Verfügung stehen, das auszuwählen, was sie aus Ihren bisherigen Fähigkeiten herausgearbeitet haben.

Wenn Sie weiterhin das Ziel haben Ihren Traumberuf z. B. als Heiler/in zu leben, sollten Sie sich fragen:

Was kann ich verbessern, um die Probleme meiner Mitmenschen am intelligentesten zu lösen?

Wichtig ist, dass Sie Ideen sammeln. Warten Sie nicht auf den Tag X, an dem Ihnen der zündende Einfall kommt. Bitte nehmen Sie sich meinen Vorschlag zu Herzen und schreiben Sie in Ihr Ideenheft täglich 10 neue Ideen auf! Schreiben Sie jeden Tag alle Ideen auf die Ihnen kommen, was Sie besser machen können, um Ihren Mitmenschen zu helfen. Ich weiß, es klingt vielleicht etwas viel – trotzdem: schreiben Sie auf und glauben Sie mir, wenn Sie eine Woche schreiben kommt einiges zusammen. Es lohnt sich!

Bei der Ideensuche müssen Sie sich natürlich immer danach richten, was Ihre Zielklientel benötigt – in welchem Bereich können Sie helfen, wo bisher noch keine wirksamen Lösungen und Methoden gefunden wurden?

Wie lassen sich Ihre Stärken zu etwas einzigartigem kombinieren?

6. Arbeiten Sie zusammen mit anderen

Ein Sprichwort sagt: »Wer alleine arbeitet addiert, wer gemeinsam arbeitet multipliziert«.

Weitet man diesen Sinnspruch aus, ergeben sich daraus noch viel mehr Möglichkeiten. Je mehr Menschen Sie kennen, desto mehr Menschen werden Ihnen helfen, desto mehr Menschen können Sie mit Ihren Fähigkeiten das Leben erleichtern. Man muss nicht (und sollte auch nicht) versuchen alles alleine zu machen. Doch nichts überstürzen. Lassen Sie sich Zeit. Um Menschen kennenzulernen mit denen Sie vielleicht zusammenarbeiten können, müssen Sie Vertrauen schaffen. Und Vertrauen schaffen wir über Zeit. Treffen Sie die Leute von denen Sie sich vorstellen können, dass Sie mit Ihnen etwas zusammen machen würden, an bestimmten Orten und Veranstaltungen die sich z. B. um die Themen Heilung, Spiritualität, Medizin, Gesunde Ernährung, Entrepreneurship, Umwelt, Ganzheitlichkeit drehen. Sie können z. B. auch regelmässig zum Yoga gehen oder zur Zen-Meditation. Auch die Kirchen oder Moscheen sind Orte wo sich Menschen regelmässig begegnen können. Suchen Sie sich eine Laufgruppe. Und nocheinmal: Lassen Sie sich Zeit. Zwanglos und dennoch entschlossen erreichen Sie Ihr Ziel.

Wenn Sie irgendwann neue Freunde gefunden haben können Sie sich überlegen, welche Kooperationen Sie mit Ihnen eingehen könnten? Wo wird etwas angeboten, dass mit Ihren Spezialkenntnissen komplettiert würde? Am Anfang sind die Kosten für eine eigene Heilpraxis vielleicht zu hoch. Dann lohnt es sich gemeinsam Räumlichkeiten zu mieten. Vielleicht gibt es auch schon eine Praxis in der gerade ein Raum frei geworden ist. Durchstöbern Sie also Zeitschriften und Annoncen nach solchen Möglichkeiten.

Mit anderen zu arbeiten ist einfach motivierender als alleine zu arbeiten. Sie sind stärker wenn Sie mit anderen zusammenarbeiten. Außerdem werden neue Ideen freigesetzt, die zu noch größeren Geistesblitzen führen.

Wenn wir uns weiterentwickeln möchten, sollten wir zwei Dinge zusammenbringen: Vertrauen und Zusammenarbeit.

7. Das optimale Ziel Ihres Ziels: Ihre und die Bedürfnisse der anderen dauerhaft befriedigen

Spezialisieren Sie sich auf eine bestimmte Aufgabe. Etwas das Sie bekannt werden lässt als Spezialist/in. Das gelingt am Besten wenn Sie etwas anbieten das dauerhaft ein Problem löst oder einen Engpass Ihrer Mitmenschen überbrückt. Hier ist Ihre Sprache gefragt. Überlegen Sie sich einen einfachen Satz, am besten ein einfaches Wort, das Sie aus der Masse der Heiler/innen hervorhebt.

Der Weg zum Ziel ist vielleicht lang – aber sehr lohnend!

8. Passion und Mission

Finden Sie heraus wie sich Ihre Fähigkeiten und Lieblingstätigkeiten mit Ihrer Lebensmission verbinden lassen. Eine Lebensmission ist z. B. »Etwas für meine Mitmenschen und die Umwelt tun«.

Nehmen Sie sich ein Blatt Papier und teilen Sie es der Länge nach in zwei Hälften. Die linke Spalte überschreiben Sie mit PASSION, die rechte Spalte mit MISSION.

Nun schreiben Sie in die linke Spalte all ihre Passionen, Lieblingsbeschäftigungen und Fähigkeiten. Berücksichtigen Sie dabei auch die Ergebnisse die Sie erhalten haben, nachdem Sie Ihre Freunde nach Ihren Stärken und Schwächen gefragt haben (siehe oben).

Diese Fragen sollen Ihnen weiterhelfen:

- Was sind meine Einzigartigkeiten und Besonderheiten, Talente und Interessen?
- Woraus im Leben beziehe ich Sinn?
- Was trauen mir meine Mitmenschen zu?

- Über welche anderen immateriellen Stärken verfüge ich?
- Welche ungenutzten Potentiale besitze ich?
- Welche Besonderheiten biete ich?
- Welche Methoden und Verfahren kann ich bieten?
- Über welches Spezialwissen verfüge ich?
- Über welche Beziehungen verfüge ich / wen kenne ich der mir weiterhelfen kann?
- Welche Lebensprojekte habe ich erfolgreich abgeschlossen?
- Welche Lerngewinne habe ich dabei erzielt?

In die rechte Spalte schreiben Sie dann all das wovon Sie glauben, dass es Ihnen hilft weiterzukommen. Schreiben Sie dann in die selbe Spalte auch all das wovon Sie glauben, dass es wichtig wäre für die anderen Menschen.

Diese Fragen sollen Ihnen weiterhelfen:

- Wie lautet meine Mission?

- Was berechtigt mich zur Erfüllung dieser Mission?
- Welche Werte sind mir wichtig?
- Welche Probleme würde ich gerne lösen, welche Missstände beseitigen?
- Wofür wäre ich am liebsten der Experte / die Expertin?
- Warum sollen Menschen wollen, das es mich gibt?
- Warum sollen Menschen wollen, das ich gedeihe?

Wenn Sie genügend viele Begriffe und Sätze gesammelt haben, machen Sie Linien und verbinden damit die Positionen der linken mit der rechten Spalte. Auch Mehrfachverbindungen sind möglich.

Jetzt können Sie aus den verbundenen Begriffen und Wörtern Sätze bilden – das sollen die Leitsätze für Ihren Weg zum Erfolg sein.

9. Identität des Außen und des Innen

Unsere äußere Identität ist das, was unsere Umwelt braucht um mit uns zu kommunizieren. In diesen Bereich fallen z. B. die Fähigkeit sich auszudrücken, in Sprache und Schrift, Fremdsprachen aber auch die Fähigkeit zur nonverbalen Kommunikation.

Unsere innere Identität wird durch unseren Wesenskern beschrieben, dem was wir schon als Kind wollten.

Beide Ebenen der Identität sind aber nicht immer voneinander getrennt, sondern durchdringen sich oft. Das bedeutet, dass unsere Umwelt eine Aussage darüber liefert wie wir uns im Innen fühlen. Unser Außen verändert sich also mit unserer inneren Verfassung.

Über die Erkenntnis über ihre wahre Identität lässt sich am Besten Ihre Zielgruppe erkennen, diejenigen Menschen also für die Ihre heilerischen Fähigkeiten am geeignetsten sind. Die Kenntnis der Zielgruppe ist wichtig um für die eigenen Fähigkeiten am effektivsten zu werben, was nicht bedeutet, dass Sie monatlich viel Geld für Anzeigen und Inserate ausgeben sollen – nein, es heißt dass Sie durch die Kenntnis ihrer inneren Identität auch automatisch Ihre Zielgruppe anziehen.

Sie können Sich hierzu folgende Fragen stellen:

- Was ist das Wunschbild, dass ich gerne sehen würde wenn ich morgens aufstehe?
- Was möchte ich Leben?
- In welchen Räumen möchte ich leben?

  Wie sehen die Räume aus?
- Womit beginne ich den Tag?

  Was wären meine ersten Gedanken?

  Was würde ich als erstes sagen?
- Wie sieht mein Frühstück aus, wie mein Mittagessen, wie mein Abendessen?

  Abwechslungsreich? Schlicht? Üppig?

  Mit wem würde ich essen?
- Welche Alltagstätigkeiten hätte ich zu erledigen?
- Wie würde ich die erste Tageshälfte verbringen?
- Was für eine Beziehung habe ich?

  Bin ich gerne alleine?

  Brauche ich unbedingt einen Partner / eine Partnerin?

- Worüber würde ich mich unterhalten?
- Was werden meine letzten Gedanken sein vor dem Einschlafen?

Manchmal ist es auch hilfreich Antworten zu finden, indem man nicht nur aufschreibt »was es ist« sondern auch all das »was es nicht ist«.

Aus der Sammlung der Dinge die ihnen nicht entsprechen und die sie nicht mögen, können sie ebenso eine Liste bilden. Fassen Sie die Begriffe von dem »was es nicht ist« dann zu Gruppen zusammen, so dass sie auf maximal drei Themenbereiche kommen. Nun bilden Sie davon das Gegenteil und erhalten einen sehr wertvollen Hinweis auf das »was es ist«!

Auswertung der Selbstanalyse

Sie haben nun viele Wörter und Sätze gesammelt. Ich bitte Sie nun all das was Sie über sich aufgeschrieben haben thematisch in drei Gruppen zusammenzufassen:

- Ihre Interessen,
- Ihre Stärken und
- Ihre Besonderheiten.

Ordnen Sie alle drei Themenbereich nach Priorität.

Was sind ihre größten Interessen, was sind ihre größten Stärken?

Was sind Ihre hervorstechendsten Besonderheiten?

Wenn Sie diese Liste vervollständigt haben, bitte ich Sie die zwei wichtigsten herauszuschreiben und in Form des nachfolgenden Diagrammes einzutragen.

Hiermit haben Sie ein wertvolles Profil der Fähigkeiten und Ihrer Anwendungsmöglichkeiten gefunden. Damit können Sie weiterarbeiten, um herauszufinden welche Probleme und Engpässe Ihrer Mitmenschen Sie besonders gut lösen können.

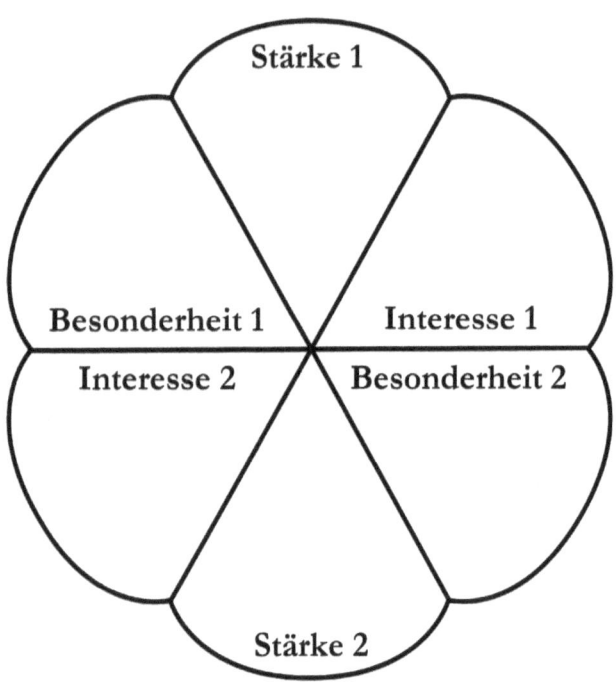

Wie Sie Schwächen in Stärken umwandeln können

Es gibt eine Sache, die sie auszeichnet: die angenehme Gegenwart Ihrer Person. Sie ist Ihr wichtigstes Erkennungsmerkmal mit dem Sie von anderen Menschen wahrgenommen werden. Erfolg und Scheitern in ihrem Leben hängen von ihrer Ausstrahlung ab. Nur wenn Sie erkennen wie andere sie sehen, können Sie wirklich erfolgreich sein. Wer bereit ist an seinen Schwächen zu arbeiten, wird ein Licht für andere. Unsere Schwächen hindern uns daran unsere Ziele zu erreichen. Sie versperren die Entwicklung unserer Persönlichkeit und die Stärkung unserer positiven Eigenschaften, die wir ja brauchen um ein gutes Leben führen zu können.

Stärke heißt, sich in andere hineinversetzen können, ganz gleich wie unmöglich Ihnen die Art Ihres Gegenübers auch erscheinen mag: Jeder Mensch hat seine ganz individuelle Geschichte. Würden wir sie kennen, bräuchten wir niemandem mehr böse zu sein. Wenn Ihr Gegenüber Eigenschaften zeigt, mit denen Sie ganz und gar *nicht* übereinstimmen, nehmen Sie sich trotzdem zurück, witzeln Sie nicht und ersparen Sie sich Sarkasmus, da es nutzlos ist. Alle Menschen haben Probleme und Schwierigkeiten. Wenn Ihnen jemand ganz besonders unverschämt vorkommt, dann können Sie sicher sein, dass er schwere Konflikte mit seiner Art zu verhüllen versucht, selbst wenn es den Anschein hat, dass es ihm eigentlich gut geht und er auch Erfolg hat.

Versuchen Sie also mit allen Menschen auszukommen, indem Sie vor allem lernen über Trivialitäten hinwegzusehen. Oft sind es einfach nur Kleinigkeiten an denen wir Anstoß nehmen.

Beginnen Sie morgens mit einem Mantra, dass ihnen einen erfolgreichen Tag suggeriert, womit sie eine positive Lebenshaltung bewahren können.

Wenn Ihnen gegenüber nun jemand unbesonnen eine Bemerkung macht, die sie ärgert, aber eigentlich unwichtig ist, reagieren Sie einfach nicht, sondern lachen Sie dazu gutherzig anstatt wütend zu werden. Das verändert Ihre »Gehirnchemie« zum Positiven. Sie sind nicht so wichtig, als dass Sie sich über Kleinigkeiten aufregen müssten. Die eigene Wichtigkeit abfallen zu lassen ist einer der ersten Schritte in Richtung Freiheit!

Starten Sie jeden Tag mit Dankbarkeit für all die Niederlagen, Misserfolge und Widrigkeiten die Sie in der Vergangenheit hinnehmen mussten. Denn in jedem Verlust ist der Keim für einen Zugewinn. Suchen Sie nach diesem Keim, der Saat eines äquivalenten Zugewinns. Es sind ja vor allem die Widrigkeiten und Probleme im Leben, die Sie dorthin gebracht haben, wo Sie heute sind. Niemand wächst über sich heraus ohne dass er Schmerz und Leid überwindet. Wachstum tut weh – das wissen wir noch aus unserer Pubertät. Der Wunsch nach einem unkomplizierten Leben ohne Probleme ist, wie wir ja bereits gesagt haben, eine der größten Illusionen der gegenwärtigen Zivilisation.

Wir sollten uns Tag für Tag bemühen, so positiv wie möglich zu denken, zu sprechen und zu handeln – ganz im Sinne des alten Propheten Zarathustra.

Bedanken Sie sich bei der göttlichen Instanz des Kosmos im Voraus für die guten Dinge die Ihnen den Tag versüßen werden. Sie sollten es wirklich täglich versuchen, um zu erkennen, dass Sie mehr sind als ein Körper aus Fleisch, Knochen, Blut und Körpersäften. Sie sind Bewusstsein – Sie sind grenzenlos, ewig und frei. Und dieses androgyne Bewusstsein ihres Seelenkerns bewohnt zur Zeit Ihren Körper. In diesem Bewusstsein liegt die Kraft alles zu durchdringen, alles zu erreichen. Die Formen die Sie mit ihrem Denken und Ihren Visionen erschaffen tragen dazu bei, ihr Leben so zu führen wie es für Sie und Ihre Mitmenschen am Besten sein kann.

Konzentrieren Sie sich darauf *was möglich ist*, und nicht darauf *was nicht möglich ist*. Was auch immer ihr Problem oder Ihr Wunsch sein mag – es gibt immer etwas das Sie genau jetzt dafür oder dagegen tun können, das Ihnen dabei hilft Lösungen und Wege zu finden. Finden Sie heraus was dieses »Etwas« ist.

Immer wenn Sie sich mit einem Problem konfrontiert sehen, sollten Sie sofort nach einer Lösung suchen. Es gibt für alle Probleme eine Lösung. Transmutieren Sie unerfreuliche Umstände in positive Sachlagen, so wie der Alchemist Blei in Gold verwandelt. Lernen Sie aus dieser Praxis eine Lebensgewohnheit zu machen: Wenn Sie wütend sind, schalten Sie um auf das was Sie am liebsten machen, ihr Hobby oder ihre größte Leidenschaft. Denken

Sie fünf Minuten daran was Ihnen Freude bringt und schon ist der Ärger verflogen.

Wenn Sie diese simple, vielleicht schwierige Anleitung befolgen, werden Sie schnell feststellen, dass es eigentlich keine unvorteilhaften Erfahrungen gibt!

Das Leben ist ein kontinuierlicher Lernprozess. Wir lernen durch unsere guten und durch unsere schlechten Erfahrungen. In jeder Erfahrung liegen Weisheiten die Sie im Laufe Ihres Lebens um einige Einsichten bereichern werden.

Machen Sie Menschen aufmerksam auf ihre positiven Eigenschaften. Wenn Sie Tadel und Kritik vermeiden, können Sie bald sehen wie sehr sich die Leute auf Ihre eigenen guten Eigenschaften konzentrieren werden.

Nehmen Sie aber jede Kritik die Ihnen entgegengebracht wird ernst und flechten Sie sie in Ihre Selbstbetrachtungen mit ein. So können Sie erkennen was davon gerechtfertigt ist und meist verblüffende Erkenntnisse gewinnen, die Ihnen eine sehr wertvolle Lebenshilfe sein werden.

Gleichzeitig sollten Sie aber nichts und von niemandem akzeptieren, dass Sie nicht in Ihrem Leben wünschen. Wir können uns hier an Mahatma Gandhi erinnern, der als einzelner Mann mächtiger war als die damalige militärische Kolonialmacht. Er siegte durch passiven Widerstand. Es gibt nun zwei Lebenslagen die Sie beunruhigen *können*: Jene die Sie, und *nur Sie ändern können* – und jene *die Sie nicht ändern können*. In beiden Fällen können Sie sich durch passiven Widerstand jeder Sorgen verweigern.

Was auch immer kommen mag: behalten Sie Ihren größten Wunsch in Ihrem Herzen – die Hauptziele, die Sie erreichen möchten. So vermeiden Sie Zeit damit zu verschwenden, an das zu denken was Sie nicht wünschen. Wenn Sie sich einmal so bedauernswert fühlen, dass Sie sich selbst bemitleiden, dann halten Sie Ausschau nach jemandem dem es noch schlechter als Ihnen geht, und während Sie das tun fangen Sie damit an, dieser Person zu helfen. Wenn Sie sich diese Haltung zur Gewohnheit werden lassen, werden Sie Zeuge einer der größten Wunder des Lebens – denn das was Sie jemandem antun oder was Sie für jemanden tun, das tun Sie auch für sich selbst.

Suchen Sie sich Vorbilder, Menschen, die für Sie Helden/innen darstellen – Menschen die sind, wie Sie gerne sein würden. Alle Größen der Geschichte waren Heldenverehrer/innen.

Was auch immer man sich im Geiste vorstellen kann und woran es sich zu glauben lohnt, das kann der menschliche Geist im Leben erreichen.

Sie sind die einzige Person die Sie mit einer positiven Geisteshaltung versorgen können. Was wollen Sie dafür tun?

Auf der Antwort auf diese Frage ruht ihre gesamte Zukunft!

Die Sonnenmeditation

*Setzen Sie sich ruhig und entspannt
auf einen Stuhl, in einem ruhigen Raum.*

Legen Sie die Hände auf Ihre Oberschenkel.

Atmen Sie langsam ein und aus.

Denken Sie an Ihre Beine.

Denken Sie an Ihre Arme.

Denken Sie an Ihren Solar-Plexus.

Und denken Sie jetzt an ihr Herz.

*Stellen Sie sich vor, wie mit jedem Atemzug von
Ihrem Herzen ein Lichtschein ausgestrahlt wird,
der ihr Inneres zum leuchten bringt.*

*Stellen Sie sich jetzt vor, wie das Licht
aus Ihrem Körper hervor strahlt.*

Dieses Licht ist unbegrenzt und ewig.

*Stellen Sie sich nun vor, wie dieses Licht aus ihrem
Herzen den Raum anfüllt in dem Sie sich befinden.*

*Jetzt füllt das Licht das gesamte Gebäude
in dem Sie sich befinden.*

Es strahlt der ganze Straßenzug.

*Würde man den Ort an dem Sie sich befinden
überfliegen, so sähe man ein klares Leuchten des
Ortes auf der Erde, an dem Sie sich befinden.*

Dieses Licht erfüllt den ganzen Erdball.

*Auch von den anderen Planeten aus,
lässt sich dieses Licht erkennen.*

*Denn es ist Teil des Lichts der Sonne
im Zentrum unseres Planetensystems.*

Diese Sonne ist in Ihrem Herzen verborgen.

Sie zu erkennen ist Ziel des Lebens.

Literaturhinweise

Das ist Geistheilung – Alan Young

Das Licht auf dem geistigen Pfad. Die Gesetzmäßigkeiten des spirituellen Weges – George Arundale

Du bist die Welt: Reden und Gespräche – Jiddu Krishnamurti

Erfolg durch positives Denken – Napoleon Hill

Flow und Kreativität: Wie Sie Ihre Grenzen überwinden und das Unmögliche schaffen – Mihaly Csikszentmihalyi

Selbstmotivation: Flow, statt Stress oder Langeweile – Gerhard Huhn

Geh nie alleine essen! und andere Geheimnisse rund um Networking und Erfolg – Keith Ferrazzi

Das große 1x1 der Erfolgsstrategie – Kerstin Friedrich, Fredmund Malik, Lothar Seiwert

Entdecken Sie Ihre Stärken jetzt!: Das Gallup-Prinzip für individuelle Entwicklung und erfolgreiche Führung – Marcus Buckingham, Donald O. Clifton

www.ingramcontent.com/pod-product-compliance
Lightning Source LLC
Chambersburg PA
CBHW030853180526
45163CB00004B/1556